صرة التالية إرشادات تساعد في نجاح درس القراءة الموجّهة. استخدام صيغة الأمر المفرد هنا سببه أنّ كل معلّم
تناسب مع أعمار وقدرات التلاميذ باللغة العربية، بالإضافة إلى ما يقومون به في الفصل (صيغة المذكر استخدمت
ـروس ومكوّناتها بدقّة في جميع دروس القراءة الموجّهة. امنح التلاميذ الوقت ليفكروا بالأسئلة ويجيبوا عليها. قدّم
ـيذ لحلّ المشكلات. عد إلى استراتيجيّة التحقق بعد القراءة المستقلّة. تقدّم طرق التدريس هذه دعماً لسلوكيّات
ـراء نشطاء ومتحمّسين للقراءة.

<table>
<tr><td>١</td><td>قدّم تهيئة لموضوع الكتاب:
اقرأ العنوان جهراً مشيراً إلى كلّ كلمة مع المرور بسرعة عند همزة الوصل أثناء القراءة. اطلب من التلاميذ قراءة العنوان جهراً مع
الإشارة بشكل صحيح. اطلب من التلاميذ أن يتحدّثوا عن تعلّم ركوب الدرّاجة. ما هي خبراتهم في ذلك؟ ما هي الأشياء التي يمكن أن
تكون صعبة على سارة؟</td></tr>
<tr><td>٢</td><td>قدّم تمهيداً للكتاب، فاسحاً المجال للتلاميذ لإعطاء توقّعات مفصّلة عن موضوع القصّة:
الصفحة ٢: "هذه القصّة عن سارة وكيف كانت تتعلّم قيادة الدرّاجة. أحد الأشياء الذي يجب أن نفكر فيه هو النظر بدقّة. 'سارة'
و'سارت' تتشابهان قليلاً، أليس كذلك؟ ما هو الحرف المختلف؟ هل يمكن أن تعرفوه فوراً؟"
الصفحات من ٤ إلى ١٣: اطلب من التلاميذ أن يتصفّحوا الكتاب ويفكروا فيما تفعله سارة لتتعلّم قيادة الدرّاجة.
الصفحة ١٥: "أخيراً نجحت سارة. الأمّ مسرورة جدّاً. 'صاحت' انظروا إلى هذه الكلمة بدقّة (أوضحها بإحاطتها بإبهاميك في نسختك من
الكتاب). كيف تعرفون بأنها 'صاحت'؟ ما هي الحروف التي تساعدنا لنعرف بأنّها ليست 'قالت'؟"</td></tr>
<tr><td>٣</td><td>حضّر للمفردات والتراكيب المتوقّعة:
تتغيّر كلمة 'درّاجة' تبعاً لكلمات أخرى في الجملة. "اقلبوا إلى الصفحة '٤' واعثروا على كلمة 'الدرّاجةُ'، والآن اقلبوا إلى الصفحة '٨'
واعثروا على كلمة 'الدرّاجةَ'. ما الذي تغيّر في حركتي نهاية الكلمتين؟ انتبهوا إلى ذلك عندما تقرؤون.
اقلبوا إلى الصفحة ٥ واعثروا على كلمة 'درّاجةٍ'. الآن اقلبوا إلى الصفحة ٦ ولتعثروا على كلمة 'درّاجتي'. ما الذي تغيّر هنا في الصوت والشكل؟
في بعض الأحيان نضيف حروف في آخر الكلمة أو في بداية الكلمة. الآن هيّا اقلبوا إلى الصفحة ٢ واعثروا على كلمة 'بالدرّاجةِ' ما هو
الحرف الذي أُضيف في بداية الكلمة؛ الآن اقلبوا إلى الصفحة ٥ واعثروا على كلمة 'درّاجتك' ما هو الحرف الذي أضيف هنا في آخر
الكلمة. الآن اقلبوا إلى الصفحة ٦ واعثروا على كلمة 'درّاجتي'. ما هو الحرف الذي أُضيف في نهاية الكلمة هنا؟"
أوجد هدفاً للقراءة. "عندما تقرؤون، أريد منكم أن تفكّروا بما ساعد سارة في تعلّم قيادة الدرّاجة."</td></tr>
<tr><td>٤</td><td>استراتيجية التحقّق من تحليل قراءة الكلمات للتحقّق من توقّع المعنى والنحو:
"إذا لم تعط قراءتكم معنىً مفيداً ماذا تفعلون؟ بإمكانكم العودة إلى بداية الصفحة والقراءة مجدداً. عندما تصلون إلى المقطع
الصعب، تحقّقوا من الحروف ببطء وادمجوها معاً لصنع كلمة."</td></tr>
<tr><td>٥</td><td>استراتيجية التحقّق من استخدام الكلمات المعلومات المرئيّة بفعّالية:
"إذا تعثرتم، انظروا إلى الكلمة بدقّة لتروا إن كنتم تعرفون أيّ شيء سيساعدكم. تأكّدوا من التحقّق من الحركات لتنطقوا الكلمة بشكل
صحيح."</td></tr>
</table>

قبل القراءة

أثناء القراءة وتعزيزها

صاحَتْ سَلْوى: "هذا إِنْجازٌ مُمْتازٌ يا سارَةُ!"

صاحَتِ الْأُمُّ: "رائِعٌ يا سارَةُ! أَنْتِ تَسيرينَ بِالدَّرّاجَةِ لِوَحْدِكِ!"

تَرْكَبُ سارَةُ الدَّرّاجَةَ

OXFORD
UNIVERSITY PRESS

قالَتْ سَلْوى: "اُنْظُري يا أُمّي!
أَسْتَطيعُ أَنْ أَسيرَ بِالدَّرّاجَةِ
لِمَسافَةٍ طَويلَةٍ."
قالَتِ الْأُمُّ: "رائِعٌ، هَذا إِنْجازٌ مُمْتازٌ!"

قالَتْ سارَةُ: "أَنا أُريدُ أَنْ أُحاوِلَ."

قالَتْ سَلْوى: "أَنْتِ لا تَسْتَطيعينَ،

هَذه الدَّرّاجَةُ بِعَجَلَتَيْنِ."

قالَتِ الْأُمُّ: "ما رَأْيُكِ أَنْ تَرْكَبي دَرّاجَتَكِ؟"
قالَتْ سارَةُ: "لا، أُريدُ أَنْ أُحاوِلَ
عَلى دَرّاجَةِ سَلْوى."

قالَتْ سَلْوى: "حَسَناً، يُمْكِنُكِ أَنْ
تَرْكَبي دَرّاجَتي."

قالَتِ الْأُمُّ: "جَرِّبي وَسَأُساعِدُكِ يا سارَةُ."

قالَتْ سَلْوى: "وَأَنا سَأُساعِدُكِ أَيْضاً."

قالَتْ سارَةُ: "شُكْراً جَزيلاً."

رَكِبَتْ سارَةُ الدَّرّاجَةَ.
أَمْسَكَتِ الْأُمُّ الدَّرّاجَةَ.

سارَتْ سارَةٌ بِالدَّرّاجَةِ.

قالَتْ سارَةٌ: "مِنْ فَضْلِكِ يا أُمّي،
لا تُمْسِكي الدَّرّاجَةَ."

سارَتْ سارَةُ لِمَسافَةٍ قَصيرَةٍ.

ثُمَّ تَوَقَّفَتْ.

قالَتْ سَلْوى: ”رائعٌ يا سارَةُ!

لا تَتَوَقَّفي! اِسْتَمِرّي!“

سارَتْ سارَةُ بِالدَّرَّاجَةِ مَرَّةً ثانِيَةً.
سارَتْ لِمَسافَةٍ طَويلَةٍ.